JN408756

모래톱 연가

모래톱 연가

박근호 시집

해 암

시인의 말

산이 거기 있어
걸어 왔을 뿐인데
입문한지 어연 반 십 년에 접어드니

세월이 그냥 두지 않는다
제발 저려옴이다

여기에 상재하면서
옷깃을 여민다

2013년 초여름 밤
박 근 호

| 차례 |

1부

2부

3부

4부

1부

가을 마중

코스모스길 따라
지친 여름은 멀어져가고
그들을 떠나보내고 있던
억새의 굽은 허리에
서글픈 만장이 펄럭인다

싸늘한 거리에
낙엽 구르는 소리
가을은 깊어가고

바람이 쓸고 간 하늘은
텅 빈 가슴 더 높아
누군가 낙엽 밟는 소리

산 넘어 징검다리 지나는 그곳에
마중 나올 얼굴 있어
방앗간 길에서
헝클어진 앞머리를
손으로 빗어 내리며 서 있는
미소 한 아름이 창공에서 닦아온다

민들레 창문

보도블록 틈새에도 집이 있었네
길섶에 웅크리고 앉아
긴 겨울을 어떻게 지내 왔는지

좁은 창틈 비집고
환한 얼굴로 내다본다
검은 구름 뚫고
황금 조각처럼 웃으며
봄맞이한다

거친 바람 불어와
몸 숙여 살고 있던
외로운 들꽃의 그리움은
작은 창문 하나 달린
해맞이 집을 지었다

아스팔트 길 모서리에
노오란 가로등 켜놓는다

동백꽃

어떤 기다림인지
속이 다 타들어간다

까맣게 탄 가슴에
붉게 물들인 입술은
그대도
어쩔 수 없는 여인이리라

긴 침묵 뒤에
속잎 터지는 소리
검붉은 피 토하는 소리였구나

망설이다
봄이 오는 길목에 서면
번민은 더 깊어질 것을

화전火田마을

산죽이 서걱서걱 속삭이고
구름은 수줍은 잔설殘雪을 덮고 있다
허물어진 오막살이집 하나 있어

숯 굽던 노인과 외동딸의
전설이 묻은 불 내음이
온산에 퍼져가고

산골 젊은 아낙이
계곡에 흰 살을 비추고
빨래 소리 멀리 울릴 때
산새들 노래가
고요를 깨웠다

이 골짜 눈 덮이는 날
모두가 적막 속으로 사라지면
너와지붕 굴뚝만 남아
수수밥 익는 연기가
긴 꼬리로 오르고
촌로들은 겨우내 목침을 고쳐 베며

봄을 기다렸다
오! 이곳이 마음의 고향이리

여름 바다 풍경

더위에 지친 뭍을 향하여
파도는 연신 뒹굴어 보이며
교태를 보낸다

연륙교 난간에 쌓여 있는
무더위를 뚫고
생멸生滅의 비밀을 예고하듯
긴 꼬리를 그리며
돌진하는 작은 배
흔적을 남겨놓은 채
안갯속으로
사라짐을 연출해 보이고

타오르는 태양 밑에서
아무도 머물지 못하고
길 떠나고 있다
늙은 나무그늘에도
누군가가 용케 찾아와
어디론가 가자고 재촉한다

바닷바람은
대서大暑 더위를 달래주는
손길이 바쁘다

빨래터

오색풍선이 물결을 타고
춤을 추면
세파에 찌든 사연들이
원심력을 피해 방황한다

아들딸 부모가 좁은 방에서
서로 등을 밀고
얼굴을 비비며
부둥켜안고 뒹군다

엄마의 가슴에 묻혀서
먹고 배설도 하며
탄생과 성장의 강이 흐르고
먼 길 돌아온 윤회처럼 공전한다

버들강아지 눈 트는 냇가에
빨래소리 멀리 울리면
함지박에서 모두가 쉬어 갔었다
구름이 머물다간 빨래터에
오늘은 하늘이 보이지 않는다

겨울 암자

차가운 골짜기가
하얀 입김 토해내자
우듬지에 핀 눈꽃들
눈부시게 휘날린다

한 점 티 없는 절집 뜨락
노송 그늘 한 자락
마중 나와 손짓하며
혼자 거닐고

새소리도 숨죽인
적막한 깊은 산중

솔바람이 너울 저간 기왓골
흰 백합 꽃잎 위로
아침 햇살 한 조각
포근히 내려와
눈앞을 밝혀준다

하구의 낙조

방황하던 바람
넓은 품에 내려앉고
일몰은 산마루에서
미련 남김 없이 태우려는 몸짓

산 그림자
큰 날개를 펴고
누리를 덮어오니

새들은 무리지어
먼 둥지로 날아가는데
뒤처진 어린 새 한 마리
허둥대며 따라간다

물 빠진 수로의
작은 움집에도
둥근 달이 창窓마다 찾아드니
구애하듯 마중 나오고

목쉰 갈댓잎
저녁노을 아래 춤추며
발길을 멈추게 한다

가을 강둑

황금 들판이
농익은 환희로 물결치면
텅 빈 허공으로
갈대가 구름처럼 꿈꾸었다

창공에 흐르는 오솔길 따라
마파람이 가슴을 헤치고
들풀들 흐드러지게 휘날렸다

산모퉁이를 돌아가면
강물이 마중 나오고
목젖이 부풀도록
그리운 이름 불러보았네

외로운 주막 하나
걸쭉한 대포 한잔에 갈증을 풀면
먼 길 떠난 그대
얼큰한 목소리가
메아리로 들여왔다

익은 들녘이
차오르는 파도로 넘쳤다

대숲

청자를 빗고 있는 도요 마을
싱싱한 절명 시가
품속에서 넘쳐흐르고

비워놓은 가슴에
시퍼런 칼날을 두르니
기개 높은 지사志士로구나

유혹하는 계절에도
눈보라 치는 날도
하심의 몸짓으로
긴긴날 변함없다

바람 부는 밤은
소야곡을 합창하고
밝은 달빛 아래서
목을 길게 늘여
어느 별에선가 기다리고 있을
그리운 이에게
애절한 춤사위 띄운다

가을 해변

모래 위에서 불타던
나신들의 흔적을
갈바람이 안고 떠나가고

수평선에 머무는
여인의 시선은
먼 기다림인 듯
초점이 젖어

물안개처럼 묻혀간
옛이야기들은
그녀의 가슴에
깃발처럼 펄럭이리라

폭풍이 지난 사구에서
치맛자락 날리며
노을에 붉게 탄
인어의 긴 그림자를
파도는 쉬지 않고 옷깃을 휘감는다

옛 마을

바람 불어
청보리가 춤추면
종달새는 분주히 노래하고
뻐꾸기 울음은 높이
메아리 되어갔다

싸리꽃향기 연기처럼 피어오르던
언덕 위로 떠난 기적 소리
저물어도 돌아오지 않는다

반작이며 노래하던 정겨운 냇물
어느 아스팔트 밑에서
숨죽여 흘러가나

옹기에 물 퍼 이고
단발머리 소녀
뒤에서 부르는 소리
어디쯤 살고 있을까

옛 마을은 시멘트 기둥에 묻혀
흔적을 찾을 수 없는데
노을 한 자락이
저만치서 불타고 있구나

고갯길 여인

봄꽃 흐드러진
고갯마루를 지나간다

그때도 청보리가
춤추고 있었지

아지랑이 짙은
과수원 길 따라 넘어가던
세라복 소녀야
바람처럼
토담 길로 사라진 여인아

언젠가 뒤돌아볼까
가슴 조임도 모르고
앞만 보고 가드니

세월이 까맣게 흘러간 날에
옷자락에 찬바람 일 듯

그때의 발길이
바우고개 언덕을
넘어가고 있구나

먼 길 한결같이 걷고 있겠지

모기

모기장 속에 모기 한 마리
어떻게 들어왔는지

긴 빨대를 들고와서
급하게 덤비다가
무명시인의 시집에 난타 당하여
운명하고 말았다

먹잇감이 깊게 잠든 타이밍을
맞추지 못하였다고도 하며
평소 식탐이 너무 강하였다고
이웃들은 말한다

하필 시집인가 하고
아쉬워도 한다

수매미

새벽부터 밤까지
남의 창가에서
목이 터지라고
노래 부른다

긴 세월 땅속에서
연습한 대로
새 옷을 차려입고
멋진 자세를 취해가며

소리 높여
"좋은 신랑감 왔다"고
"기회는 얼마 남지 않았다"고
"아니면 후회할 것이라"라며
온 마을이 떠나갈 듯 외쳐도
신붓감들은 모두 어딜 갔을까

수컷들의 수난기受難期임을
깨우쳐가고 있다

반월성을 걷다

폐허 덮힌 황성
토담은 세월 따라 깎이어 가고
돌무더기만 흩어져 있다

궁녀들이 거닐던 길에
옷자락 날리듯
들꽃들이 춤춘다

성벽에 뿌리내린 노송
휘어진 뒷모습은
마의태자 쓰린 가슴일까

천 년 사직 흘러 천 년
나그네가 길을 물으리
신월新月은 옛날 같은데
남천에는
반월만 떠내려간다고

---

*신라는 신월성이라고도 함

2부

모래톱 연가戀歌

강물이 흘러가면
무딘 톱날은 자르고 있다
머물러 변하기 전에
알맞게 조각내어
흘려보내고 있는 것이다
바닷물도 잘라
수평선에 곱게 쌓아두고
파도치고 눈비 덮어 와도
바다가 넘치는 일 없도록
쉬지 않고 일한다
철석철석 톱날 소리에
물새들이 종종걸음으로 와서
길게 내력을 써놓는다
그들은 결코
물결을 끊지 않는다고

인간의 인연처럼 굽이굽이
질기게 흘려보내
넓은 바다에서 다시 만나게 한다

굴다리가 있는 길

무지개 지붕이 드리워진
십 리 장터 길
하루를 머리에 인 여인들
바쁜 걸음이 피고 졌다

노을을 등에 진 아버지가
소고삐를 쥐고
굽은 그림자 길게 떨어트렸다

소니기에
학교 길이 발목 잡힌
단발머리 소녀
가슴 젖어 얼굴 붉어지고
눈동자는 반짝이었다

철길 따라 떠난
우람한 기적소리가 사라진
사리 꽃 밭 속으로
필름 속의 그 소녀
빛나는 눈길 남기고 지나쳐간다

기다림

세월이 얼마나 지나갔는지
바람만 휑하고 문을 열고 들어선다
언약 없이 떠난 그들
편히 보내고 싶지만
얼룩져 있는 흔적 때문에
못내 잊지 못하고
그리워하는 초가

때로는 잊어 가는 날 있어도
바람이 사립문을 두드리는
차가운 밤이면
찢어진 문틈으로 내다본다

언젠가 꿈길에서
스치는 날 있어
이젠 잊었노라고 다짐하면

별이 쉬었다 가며
시인처럼 전해 주겠노라고
위로해주는 폐가에
왕거미 가족이
새집을 짓고 있다

선상船上에서

저무는 부두 떠나가는 배
거리의 원색 등불은
다투어 빛을 뿌린다

구름에 가린 달은
수줍은 반쪽 얼굴로
물결 위에 길게 흐른다

피곤한 불빛은
돌아선 눈동자처럼
아스라이 멀어져 가고
검은 장막 속에
뱃전을 때리는 파도
아낙의 애타는 부르짖음이
녹슨 선창에 흩어져 있다

미끄러지는 나뭇잎
시름 젖은 꼬리를 달고
수평선에 걸려 있다

베틀에 앉아

시詩는 글의 직조물이면
그가 짠 것은 서민용이 틀림없다

로댕의 철학도를 무척 두려워함은
그 심각한 몸짓에 억압을 느끼는
작은 시인이기 때문이다

해 종일 머리를 갸웃 둥 해도
알 수 없는 그들의 씨줄과 날줄은
울창한 빗금으로 장식되어
그는 그물에 갇힌다

고개 넘는 목마른 이들이
나누어 먹는
한 모금 물
바위계곡에서 흘러내리는
투명한 샘물을 그는 사랑한다

수석壽石

담장 밑에 웅크리고 살다가
어느 날 눈에 들어
때 묻은 옷을 바꿔입고
비단 카페트 위로 거닌다

남의 흉내를 내면서
인간들이 시키는 대로
치마를 벗고
속이 보이는 춤도 추며
호사한다

이젠 고향을 찾아갈 수도 없고
상금이 붙어 있어
꼼짝 못하는 귀한 몸이다
옛날같이 마음 편히 살고 싶다고
강화도령처럼 말한다

하잘 것 없는 몸이지만
사람들은 무척 부러워한다
죽음이 찾지 않음을

이사이사2424

얽힌 뿌리를 통째 뽑아
황사 바람 속으로 외출한다
하나둘씩 꼭꼭 채워진 삶들이
신기한 듯 내다보고
두 다리가 서로 묶이고 또 묶어
묶음이 늘어나
그림책처럼 다양해진 색상들은
식탁 위에 신발장이
도마 위에 화장실 풍경도 보인다
끈끈이 부여잡은 그들은
신호등 사이로
경적들을 이리저리 피하여
길 찾아간다
고봉밥처럼 높이선
김치통과 된장독
비스듬히 누운 냉장고 위로
밥솥이 높이 앉아
내려 보고 있다
그들의 진한 일기장이
차곡차곡 쌓아올려 져 있어

한 마리 소라게처럼
모두 짊어지고
기우뚱 흔들리며 간다

천마산에 올라

저녁노을이 물들면
철이 드는 것 같은
후회가 붉게 밀려온다
자술서 한 줄 적어놓고
두려움에 빠진다

누군가의 책갈피 속에 남겨진
한줄 주인이 되는 것
손에 닿을 듯한 빈 하늘
가슴은 통증뿐 이다

자초하지 말고
몸 편하게
가던 길 걸어가라던
그대 저 멀리 보인다

뼛속 깊이 파고드는
불면의 아쉬움
길이 끝나는 곳에서
다시 되돌아오고 있다

죽부인竹夫人

긴 긴 겨울밤을
하얗게 지새우는 나날들

먼 여름밤을
까마득히 바라본다

비워 있는 가슴에
흔들리듯 댓잎 소리

변함없이 꼿꼿하다

계절이 떠나던 날
서툰 작명가作名家가
발길을 묶어 놓았다

나들목이 보이는 곳

오가는 사람들이 마주 보며
스쳐 가는 길목

들어오는 이는
안개 덮인 길이 기대에 차
발길이 분주해지고

내려가는 사람은 아쉬움 씹으며
한 막의 긴 꿈 이였다는
깊은 독백을 남긴 채
어디론가 홀홀히 사라진다

하고 싶은 말 삼키며
아버지 내 나이 반에
형 내 나이에 내려가고
친구들 하나 둘
점이 되어 멀어져간다

덤으로 주어진 걸음
아쉬움을 삼켜도
두고온 것 없으면
나래 짓은 가벼움이다

가을의 해후

퇴원하여 멀리서 찾아온 장로인 친구와 자갈치에서

플라타너스 바래져 가는
천 리 길 끝
찾아온 바다
별빛 흐려진 선창에서
사람들은 초승달을 바라보며
여독을 하소연한다

만날 기약 할 수 없을 듯한
기어드는 독백에
초점 잃은 눈길은
수술실 환상이 지나쳐가며

술 남겨진 잔에
가득 찬 추억이 머물고
돌아서는 걸음에
가슴이 젖어온다

멀지 않은 날
편안한 곳에서 만나
남겨진 회포를 꿈꾼다

박물관 길

햄릿의 부왕父王 목소리 같은
눅눅한 안개가 밀려오고
창검이 쉼 없이 부딪치며 떨어지는
녹물 덩어리가 흩어져 구른다
주먹 돌도끼 옆에 신음하는
사슴의 마지막 유언도 들리고
호모 사피엔스라는 수만 대代 높은
용맹한 할아버지가
매머드의 급소에 수십 개의 돌창을 던지니
찢어지던 비명이 잠들어가며
거친 숨소리 토하는 그를
미니스커트 노팬티 아낙들이 쪼그리고 앉아
두꺼운 옷을 벗기고
돌칼로 자르고 조리한다
타임머신 문을 열고
나도 팔을 걷고 덤벼들었다
소라 껍데기에 술 한 병 숨겨와
낚싯대를 슬쩍 드리우고 있으면
쫓겨날 염려는 없어

시끄러운 인간들 보이지 않는
낯선 바닷가에서 잔을 기울인다

연안 부두

바위 선창에서 기다리던 섬 새악씨
바닷바람에 나부끼는 치맛자락이며
갯마을 비린 봇짐들
분주하던 사투리도 사라지고
이정표는 유적처럼 쓸쓸하다

싸늘한 승강장 통로에서
헤매던 바람이
빈 의자에 쉬었다 가고
할 말 잃은 전광판에
운행중단을 알리는 글이
어디론가 바쁘게 가고 또 간다

어깨 처진 여객선은
선창이 부서질 듯 투정하고
해무를 뚫고 힘차게 헤쳐 가던 물살은
거가대교에 가려졌다

빌딩 숲 뒤 그늘에
안개비라도 쏟아질 것 같은
해거름이 내리고
녹슨 어둠이 종일 머물고 있다

은행잎

나무가 황금으로 치장했다
그는 성공한 연금술사인가

구르는 금 조각을
종일 쓸고
포대에 담는 사나이
마음껏 짓밟는 여인들
엔도르핀이 철철 넘쳐서
사람들은 그를 구세주라고
말들 할 것이나

은행이 냄새가 나서
퇴출시켜야 한다고 한다

금金에서는 원래
냄새가 나는 것 아닌지

이들도 황금 꿈을 꾸었었다

어떤 정가표

끝까지 따라온 지독한 청구서
오래 입어
온갖 때를 숨겨주던 옷을
지긋지긋한 무좀도
세탁하는 요금이다
성인 십이만 원
유아 팔만 사천 원
사산아 사만 오천 원
불경기에도 세일은 없어
문전성시이다

거기도 텃세가 붙어
객지에서 입던 옷은 몇 배 비싸다
숨도 한번 쉬어보지도 못한
사산아死産兒는 빚만 져서 억울 하리만

샘할 수 없는
아까운 명품이나

누더기 옷도
요금은 차별되지 않는다
검든 희든 선별할 필요도 없고
차돌 같은 비자금도 날려가는 분말일 뿐
비로소 확실한 평등 자체이다

노숙자와 꿈

세파에 찌든
검은 새우
오가는 눈길을 덮고 잔다

지친 걸음을
아무렇게 내려놓고
이 밤은 어디를 헤매고 있을까

먼 길 돌아온 기러기
그립던 가족들과 마주 앉아
하고 싶어 되뇌던 말
어설픈 변명도 하고

그에게도 무성하던 날과
사랑하던 여인의 얼굴이
어딘가 맴돌고 있어
숱한 발길에 밟혀도
깨고 싶지 않은

여린 꿈이여 깨어나지 말고
훨훨 날아라
오! 철새여

몰카

철저히 야행성이고
이름도 단축키가 어울린다
몸이 작을수록 미인이지만
지구를 거꾸로 돌릴 수 있는 힘도 있다
독사처럼 차서
인간들은 그를 창조했지만
극도로 미워한다
유명인사일수록 그렇다
훔치는 것이 직업이지만
유망업종으로 인정받아
그들과 동업하려는
파파라치라는 회사도 생겼다
나쁜 짓만 하는 것 같아도
보호받는 이들이 있어
그들은 필요의 악이라고
유식한 말을 하기도 하며
착한 일을 더 많이 하는 날이
반드시 올 것이라고 힘주어 말한다
누군가 또 찰칵
속마음까지 들켰다

3부

산성 망루望樓에게 듣는다

허물어진 성벽에 매어진 매듭
바람 언덕을 지킨다

먼 지난날
긴장이 머문 흔적이
굽어진 능선 따라
행렬되어 넘어가고
산등성이를 타고 오는
억새의 마른 아우성은
녹슨 창검처럼 물결친다

표창같이 쏟아지던
엄동 눈보라를
온몸으로 맞으며
짙어가는 해무 속에서
결코 잠들 수 없는 눈빛은
수평선을 걷고 있다

쉼 없이 밀려오는 파도
스쳐 간 아픔 깊이 간직한다

대마도에서

먼 여정에 지쳐
길에서 잠든 바위
공도책空島策이 헤매다간 후
떨어져 나간 꼬리 되어 있다

조공사절朝貢使節이라는
배은망덕이 주름진
조선통신사 체취가
아쉬운 표정으로 맞아준다

아픔 서린 부둣가에
외로운 민들레

눈물 자국 같은
노오란 꽃 한 송이
고개 들어 바라본다

수평선에 흐르는
아련한 향수가
쓰러져간 왕조王朝

한 여인의* 눈동자를
똑 닮아있으리

---

*덕혜옹주

상처 진 소녀상

그들의 집 앞에
홀로 앉아 있는
슬픈 소녀의 모습을 보며
그들이 목소리를 높인다

순진한 그녀가
험한 길에
스스로 찾아왔다는 궤변이다

무고한 사람의 귀와 코를
소금에 절여
수길이 앞에 차려두고*
포만감에 취한 그들

누구도 흉내 낼 수 없는
희귀한 명작을 만든 그 손길은
이지메의** 유전자가
그들의 뼛속 깊이
묻혀 있음을 말한다

왜소하게 태어난 당신들
커지고 싶은 욕망이 끝이 없음이다

---

*일본 경도의 耳塚
**일본 전통 文化

사무라이 동상銅像

긴 칼을 둘씩이나 차고
독니를 꽉 다물고
답답해 한다

뱀눈 표 깃발을 만장처럼 휘날리며
사람을 회 치듯 하던
가등청정은
녹물을 뒤집어쓰고
문지기가 되어 서 있구나

근엄하게 우스꽝스러운
구리 덩어리들
호국신이 되어
우쭐거리며 호사한다

찰라같이 지나가는 여기
쇳덩이로의 집념은
주검들을 널브러놓아야 했는지

천 년을 무릎 꿇고 빌어도
갚을 길은
모자람뿐이다

장터목*을 지나며

백무동 안개 부풀어 올라
능선이 흐르고
미풍 불어 햇살 비추면
작은 들꽃들 춤사위에
애틋한 사연 떠돌아온다

땀이 저린 돌길에
허기진 숨소리가
바람에 묻어오고

골짜기가 검게 타오르던 날
금속음이 찢어놓은 계곡에
여린 꽃잎들
토하던 뜨거운 핏물이
돌 틈에서 붉게 타고 있다

화약 내음이
숨 막힐 듯 찌들었던 내력을

알 리 없는 계곡 물살은
낭랑한 목소리로 무심히
흘러만 가구나

---

*지리산 함양군과 산청군 사이 능선, 장터였다 함

그날의 경부선京釜線

초연 속에서 질식해가는 태양
망설이는 철마들의
흐린 창밖으로
깃발은 초점 없이 물결치고
비명 같은 군가 소리는
북쪽으로 난 철길 따라 멀어져갔다

물안개 싸늘한 새벽
기억에도 없는 적개심으로
서툰 총구 뿌리는 메아리가
통곡처럼 돌아왔다

갈망하던 개선 행진곡은
찾아볼 수 없었고
그 많은 설움은
어느 역 대합실에 쌓여 있는지

피지 못한 꽃잎들
천추의 한이 구비 치며
6월에 불타는
낙동강 저녁놀

황태 마을

덕장에 걸려 있는 산줄기가
열병식 하듯 닦아오고
고향마을 가는 길이
안갯속으로 흐르고 있다

상처로 얼룩진 땅
망실한 이정표 밑에
잘린 길목으로 흘러와
돌아가지 못하고 굴절된 내력들 있어

북풍으로 빚어진
눈 덮인 미라들
하늘을 향하여 입 모아 외쳐도
박제가 된 메아리는
눈보라 되어 흩날린다

긴 기다림 속에
가슴은 황금색으로 부풀어 오르고
얼음꽃 필 때
황태 익어가는 용대리 덕장

---

*실향민 마을

빗소리는 무엇입니까

숲에 내리는
빗소리
물방울 부서지는 비명입니까
숲이 흐느끼는 소리입니까

너울지는 물보라에
흠뻑 젖은 초여름이
길을 잃은 듯 숨죽이고

잎새에 쌓여 있던
무성한 봄 이야기들이
뚝뚝 떨어져 내립니다

해거름 녘에
밧줄에서 풀린 빗줄기가
목 놓아 울고 있는 것입니다

건반에 떨어지는 음률처럼
숲 속 깊은 곳에서
가슴 뚫을 듯 밀려옵니다

물 폭탄

폭포같이 쏟아지니
거리마다 먼지 국물을 토해낸다
더위 먹은 승용차들 가던 길 멈추고
억지 샤워하고 있을 때

명품 마을도 삼키니
여의도가
잡아먹히지는 않는지
그들이 서로 탓하는 소리에
하늘은 따가운 귀를 씻고 있나

구제역에 살아남은 우공牛公은
잠자다 놀라
그도 몸 던지니*
새우등 터지는 아우성 들리고

영역을 침범한 벌이라는
자연의 귀띔은

들어주는 사람 없이
너 때문이라는 목소리만
드높이 들려온다

---

*우면동 산사태

곡비哭婢

흠뻑 머금은 설움이
억수 비 되어 쏟아지려는가
방울방울 떨어져서
강물 되어 흐르리

주검 앞을 지키는
목이 멘 문인 둘 여기 서 있어

장대비 쏟아지는 날
청령포 관음송觀音松이
그 목소리 들려주리 만

자규루子規樓에 밤새워 피 토하는 두견아
산 넘어 여기 장릉에
은혜 베풀듯
그대 울음 목 놓아 들려오면
메아리는 동강에 폭포처럼 흐르리

소만국경

눈 녹은 강가에 인적 드물고
초원에 들꽃 외롭다
떨어질 듯 지구 끝자락
고구려 군대의 함성
지평선으로 말을 달렸다

이름 잃은 병사들
불타는 적개심으로
언덕 넘어
가쁜 숨소리 남겼다

짓밟는 창검에
깊이 팬 상처
그리운 산하 바라보며
차가운 강줄기 따라
선지피 뿌렸다

강물은 흘러가도
풀지 못한 목마름은
허리에 묶여 있다

아! 티베트

눈雪 물이 검게 타고
설산雪山이 무너져 내릴 듯
황량하게 날려가는
연약한 메아리가
까마득히 멀어져 있다

남겨놓은 궤변은
해방이라고
내정간섭이란
남의 사전辭典에 있다고도 한다

빙하에서 명경수가
철철 흘러내리는 영혼의 땅에
마약 같은 숫자를 던져주며
수수만년 흐름을
잘라내고 지워 버리려 한다

욕심으로 꽉 차서
무거워진 지구는
더불어 굴러가 질까
오! 티베트여
타는 아픔이여!

이름 없는 산성

얼마나 흘러갔는지
존재 이유도 모른다
먼 옛날 산속 여기에
어느 별 외계인들이
머물다간 흔적인지

일러주는 이 없고
산성비 흠뻑 마신 바위에서
묻어나는 시간이 말해 줄까

깊은 손자국을 개의치 않고
사람들은 무심히
섬돌을 넘어간다

숨 가쁜 함성 쌓인
흩어진 돌 틈에
늙은 병사의 피 젖은 옷자락이
붉게 물들어 있다

성벽 넘어 꽃샘바람 불어
여인의 살 같은 봄꽃들
함박눈 되어 흩날린다
아무도 머물지 못하고

하천의 행진

사람들은 흘러간 세월을
다시 찾을 것처럼
어깨에 힘을 넣고
로봇 팔을 흔들며
독일병정의 큰 걸음으로
땟국 물 구령에 발맞추어
어디론지 열심히 간다
하늘을 향하여
선전포고라도 할 듯
경주마처럼 씩씩하다
넘치는 기름을 털어 내려는
시대적 명령이 담긴 행진은
지구를 벗어나
정복자처럼
영원히 갈 수 있을 듯한 용진이다
종점 어딘가에서
방향을 놓치고
돌아서는 발길에 빈 초점이 남아 있다

4부

소리 없는 강물

바다는 참지 못하면
울부짖었고
쇠도 안타까울 때
소리 내어 울었다

아버지는 목이 메일 때면
어떻게 하였나

참을 수 없는 후회가 밀려와
가슴이 미어질 때
어떻게 울었나

가슴이 강이 되어도
소리하지 못하고
떠내려갈 뿐

먼바다 파도 되어 합창한다

서점에서

싸늘한 바람이
하염없이 쉬었다가는 시집코너
장터 강아지 같은 눈으로
초롱초롱 올려다본다
발광 물감으로
허풍스럽게 칠해놓은
그들의 방안에
밤새워 먼 산도 옮기고
잠 설쳐 궁전을 지어놓았다
타임머신을 타고
수백 광년 은하계 저쪽
생명이 끝난 성단에서
보고 온 여행담이
도토리처럼 박혀있다
허기진 망상 꾼들이
저 홀로 세워놓은 공화국에
성냥팔이 소녀의
지친 피로가 스며 있어
낙엽 한 장 타오르면
가슴은 훈훈한 꽃밭이 된다

먼 과수원길

아스팔트길 바닥에
뿌리내린 열매들
출생의 내력을 가슴에 달고
종합 세트처럼 얽혀
주렁주렁 열려 있어

성숙해 가는 여인처럼
싱싱하게 영글며
계절을 줄줄 다리고 다닌다

저마다 붉게 익어가며
향을 뿌리고
바다 건너 뭇 대륙을 유혹한다

낙엽 지고 눈 내리는 날은
FTA형 과수원이
허리춤의 마패처럼
사철을 다 내어 보인다
그들도 다문화 가족임이 분명하다

저문 수평선

바다에 땅거미가 찾아오면
무인도는 조용히 깃을 내리고
수평선에 낯선 섬들이 하나둘 나타난다

네온이 빛나는
화려한 거리가 생기고
창같이 솟아 있는 탑들은
꽃대처럼 높이 서서
꽃동산이 되어간다

밤새워 요란히 거닐던 도시가
날이 밝아오면서
하나씩 어디론가 사라지고
빈자리에
무쇠들이 둥둥 떠서
새벽 졸음을 겨워하고 있다

녹음 짙은 들녘
긴긴 날 마주하던 텃밭을
어지러운 발길이 흩어 놓을까
별은 밤마다 안타까움에 젖는다

모자帽子의 본색

비와 바람이 불지 않는
안전 구역이다
손바닥 크기의 다락방에
높은 하늘이 들어 있어
상처를 가려주고
바이킹의 방패도 되어준다

야행성이 짙은 자들의
부끄러운 유적이 깃들어 있으며
침략자들의 투구같이
투쟁의 내력도 품고 있다

자폐증 앓던
김립의 삿갓은
강 같은 필적을 담아 다녔고

거리의 시선이 집중되면
제왕의 왕관처럼
눈길을 막아주는
바람막이 커튼이 된다

그들은 주름 없던 날을
그리워한다

천왕봉 바위

싱싱하게 치장한 능선
안개와 구름이
위층과 아래층에 살며
첫닭 울 때에
아침이 찾아오는 산봉

한낮 목마름을
석간수로 꿀꺽꿀꺽 배를 채운 구름이
졸고 있는 바위에서

얽힌 사연들을
창공 너머로 멀리멀리 띄워 보내고
뒤돌아서

하산길에
때 이른 눈이라도 펑펑 내려
바위처럼 서 있는 날 있어

지나가는 이들이
못생긴 망부석인가 하고
가련하게 놀릴지라도

눈 덮인 구름 위에
여기에서
별과 함께 노래하리

지하철 속에서

그들의 밤은 깊게 뻗어 있다
긴 어둠 속을 달리면
공전公轉만 지속하고
시뮬레이터 속의 시간은
멈춘 자전自轉의 기억을
꺼내어 만져보아도
암흑을 벗어나지는 못하는 그들
뉴턴을 생각한다

푸른 산이 그리워지는 동안
흐르는 시간을 신문으로 포박해 본다
가속기 속에 낙하하듯
피었다가 지는 태양은 가려져 있어
언젠가는 그대 기다리는
아침이 다가올 것이다

어둠 속에서 헤매던 그들은
호킹 박사에게 지난밤에

진화론이 건재하는지 물어본다
태양이 빛나는 밤을
그들은 쉼 없이 달리고 있다

점령지 1

스텔스 기능을 갖춘 그들
부드러운 향으로 무장하고
적도를 넘어서 진격해왔네

지하도 구석으로 숨어들어
목 좋은 빌딩 코너를 점령해간다
금발머리 이름으로 바꾸어가며
안방까지 저항 없이 쳐들어와 있어
초인종 소리가 울리면
그들이 먼저 마중 나온다

깊은 산골 마을에도
수천 년 버티고 있던
가마솥 무쇠 국물을 밀어내고
그들이 차지해가는군

어떤 맹신자들은
먼 정글에서

힘들게 구해온 배설물을
두 손으로 바쳐 마시면서
첨단 문명인이라고 으스대기도 한다

그들의 전문점이 떼 지어 몰려오니
거리는 열대에 갇힌다

점령지 2

후보들의 공약을 보며

무서운 속도로 그들이 덮어온다
허약한 꽃대에 기억도 없는 꽃이 피어
의문 부호가 주렁주렁 열려 있다
그들의 군대는 달콤한 황홀경으로 무장한
공짜 폭탄이 주 무기이며
무한한 창조력을 자랑하는
막강한 입바람을 앞세우고 있다
쓴맛은 허리춤에 숨기고
제비가 물고 온 박을 썰기만 하면
행복은 쏟아진다며
지구 반대편 쓰레기장에서 주어온
요술 방망이를 마구 흔들고
오로지 표심을 노리는 진군이다
남의 주머니를 자기 것처럼 내보이며
뿌리마저 헤집어 놓고
바람 불어 흔들려 모래가 되는 것은
바위가 하는 걱정이라고 한다
누군가가 뒤돌아 갈 수도 있는 길목에
질량 불변이라고 표시된 이정표 밑으로

신호등 흐려진 여의도 고향에서
복지 괴물이 쓰나미 되어 밀려온다

벽지도

지구의 설계도가 걸려 있다
그물 속 내비게이션은
먼 성단에서 출발했다
날개를 펴고
담장이 덩굴처럼 그는
벽면에 달라붙어 산다
다섯 빛깔 옷을 걸치고
글로벌을 외치며
먹이 경쟁을 하는 이들로
벽이 다 허물어질 듯 부산하다

어떤 이는 거기에 긴 빨대를 꽂아
체액을 빨아낸다
지구의 가슴 속에서
끌려나온 체지방이 타오르고
너는 검은 독배를 마신다

가까워지는 대륙들은
하루도 잠들 날 없이
갈등 속에 그을려가면

지도는 점점 탈색되고
빙하들은 녹아내려
벽이 범람 될 날이 올 것이다

야간전투

깊은 밤
제공권을 가진 침입자는
공습을 감행하고 있다
이윽고
써치라이트가
대낮같이 밝혀지고
선잠 깬 레이더는
생사를 건 수색전이다
전기화장장이 가동되고
살타는 냄새에
복수의 회심을 맛본다

돈키호테 같은
어눌한 창 솜씨이거나
게릴라전이 전개될 때는
가스탄으로 적개심을 달랜다
결코 화평을 누릴 수 없는 악연이다

침입자 측은
생계형 범행임을 강조하며
살생죄를 묻겠다 하고
모기채를 든 쪽은
정당방위를 주장한다
창조자는 끝내 말이 없다

달의 분노

오염된 이웃 때문에
숨쉬기 힘들어하던 그는
이제는 더 참지 못하고
붉게 상기된 얼굴로 화풀이 하고 있다

몸을 검은 커턴 뒤에 숨기고
아귀같이 입만 벌린 채
지구의 것을 보는 대로 잡아먹는다

오늘은 이미 햇빛을 다 마셔버리니
별들은 두려워 급히 돌아가고
동산山도 모두 삼키니
그의 입은 굴뚝이 되어간다

산천을 다 부셔놓은 인간들
들녘에는 장막을 쳐놓아
이젠 풍월을 읊는 이도 볼 수 없어
그는 깊은 실의에 빠져 있다

질식할 것 같은 지구
비상구처럼 구멍 하나가 떠 있다

아침을 깨어 먹는다

망설이던 사람들
햇살 부스러기를 남기고
오늘도 그를 먹어간다
기워져 있는 카렌다는
탄생의 내력은 잊혀가고
일몰을 향하여
바쁘게 질주한다
낮과 밤의 행간에서
물리학은 쉬지 않고
관성의 법칙을 펴 올리니
거리의 걸음들이 더욱 빨라진다
새벽이 오는 길목에
아침의 비명이 기다리고 있어
태양은 주춤거린다
사람들은 그들을 먹을수록
허기가 진다고 불평하며
질량 불변의 원칙을 외울 때
가속도가 바라보이는
그의 아침은 점점 왜소해져 간다

되돌아가는 길

CCTV가 지켜보는 길에 서서 오늘은
그에게는 유효기간이 끝난
초상권을 돌려 달라고 졸라본다
저장해둔 나를 네거리 길에
한 번 더 서 있게 해 달라며
그러면 후회하지 않을 길을 찾아
다시 출발해 보겠노라고
애걸이라도 해보려 한다

그는 나를 기억할 것이다
어느날 뒷골목 술집에 앉아
지난날을 후회하던
나의 독백을 생각하고
그는 아마 거절할 것이다

어차피 당신은 또 후회할 것이라고
그 같이 우물쭈물하다가
이렇게 될 것이라며
가던 길 그냥 가라고 다독일 것이다
부질없는 욕심이 아닌지 물으며

무명無名에서

시든 잎사귀에
입김을 불어넣는다
각혈하듯이
한 방울 또 한 방울
영혼을 빚어 담는다

먼 훗날에
사랑하는 사람이여
기나긴 유랑 길에서
돌아오는 날
한번 꼭 마주할

묵묵히 서 있는 바위같이
수백 년 풍화에도 참아낼
슬픔 알알이 맺힌
글 한 줄을 새긴다

비목처럼
이끼에 덮이고
지나가던 유성이 파헤쳐놓아

바람에 흩어져도
후회하지 않을 꿈을 꾼다

굽은 나무

쑥스러운 게 구멍 살이었다
바위굴에서도 밤낮으로 갑옷 입고
벗어날 줄을 몰랐다

남들은 지구 반대편으로 날아다니며
강남 황금 무지개 속에 뒹굴고
화면에 불쑥 나타나 목청을 높이기도 한다

작은 움막 속의 달랑게는
넓은 바다가 두려워
종일 갯벌 속에서
저무는 줄 모르고 혼자 분주하다

기다릴 허상마저 없어
아무도 돌아보지 않는
낡은 빈 가방 하나 메고 헤매는 날들
별자리도 비워진
어두운 밤길을 소주 한잔에
졸려오는 반 눈으로 찾아든다

| 해설 |

자연과의 끊임없는 교호작용, 그 깊은 사유의 세계

김 정 자
문학평론가, 부산대 명예교수

1. 시인과 깊은 사유의 흔적

박근호 시인은 법경대 출신에다 산업계에서 역을 맡아 열심히 살아 왔던 사계의 전문인이다. 그럼에도 그는, 늦깎이로 문학의 세계에 뛰어 들었고, 시인으로 당당히 등단하였다.

인생을 치열하게 살아 왔던 만큼 그의 시에서는 깊은 성찰과 사유의 깊이를 느낄 수 있다. 자연과 사회, 역사에 대한 끊임없는 사유와 성찰, 그리고 비판의식이 스며 있어 독자는 잠시라도 긴장을 늦추지 못한다.

그만큼 그의 시에서는 무게감과 함께 깊이가 스며 있어, 생의 의미를 다시 한 번 반추하게 하는 힘이 있다.

2. 자연과의 교호작용, 그리고 조용한 성찰

보도블록 틈새에도 집이 있었네
길섶에 웅크리고 앉아
긴 겨울을 어떻게 지내 왔는지

좁은 창틈 비집고
환한 얼굴로 내다 본다
검은 구름 뚫고
황금 조각처럼 웃으며
봄맞이 한다

거친 바람 불어와
몸 숙여 살고 있던
외로운 들꽃의 그리움은
작은 창문 하나 달린
해맞이 집을 지었다

아스팔트 길 모서리에
노오란 가로등 켜 놓는다

–「민들레 창문」 전문

시인은 아스팔트 보도블록을 뚫고 살아나는 민들레 한 포기에도 깊은 인식작용을 한다. 그럼으로써 인간과 세계는 동류적인 존재로 인식되고 사랑하며, 고독감을 덜게 된다.

범박하게 말하면, 예술의 세계는 인간의 근원적인 고독감에서 벗어나고자 하는 끝없는 욕망으로 인해 만들어 진다. 시의 세계에서 특별히 강조되는 비유법이라는 수사기법은 인간이 외부세계인 우주와 하나가 되고자 하는 동류의식에서 비롯하는 것이다.

작은 민들레꽃은 문명의 질곡 같은 아스팔트 길 모서리에 그 생명의 끈질긴 모습을 드러내는 것이다. 냉혹한 현실과 물질문명 속에서도 자연은 생명의 위대함으로 그 모습을 창조해 낸다.

무릇 인간이란 이름으로 태어난 우리들이야말로 삶의 질곡과 고통을 이겨 내고 이 험난한 세상을 살아가야 하지 않겠느냐는 메시지가 위의 시에 잘 나타나 있다 할 것이다.

오염된 이웃 때문에
숨쉬기 힘들어 하던 그는
이제는 더 참지 못하고
붉게 상기된 얼굴로 화풀이하고 있다

몸을 검은 커턴 뒤에 숨기고
아귀 같이 입을 벌린 채
지구의 것을 보는 대로 잡아 먹는다
(…)
산천을 다 부셔 놓은 인간들
들녘에는 장막을 쳐 놓아
이젠 풍월을 읊는 이도 볼 수 없어
그는 깊은 실의에 빠져 있다

질식할 것 같은 지구
비상구처럼 구멍 하나가 떠 있다.

—「달의 분노」 부분

박근호 시인의 「달의 분노」는, 대기의 오염 때문에 찌들은 달빛과 자연의 풍경을 이야기 한다. 오염된 지구, 파손된 지구로 하여 맑고 아름다운 달빛은 잠식 당했다.

아름다운 달빛을 노래하는 풍류객들도 사라지고, 깊은 실의에 빠진 지구는 질식 상태에서 비상구를 갈망하고 있다.

달의 분노는 곧 자연의 분노를 의미함이다. 분노한 달빛이 지구의 사물들을 파괴하고, 인간을 소외 시킨다. 달의 파괴는 자연과 인간의 순수한 본성의 상실을 의미함이기도 하다.

강물이 흘러가면
무딘 톱날은 자르고 있다
머물러 변하기 전에
알맞게 조각 내어
흘려 보내고 있는 것이다
바닷물도 잘라
수평선에 곱게 쌓아두고
파도 치고 눈비 덮어 와도
바다가 넘치는 일 없도록
쉬지 않고 일한다
철석철석 톱날 소리에

물새들이 종종 걸음으로 와서
길게 내력을 써 놓는다
그들은 결코
물결을 끊지 않는다고

인간의 인연처럼 굽이굽이
질기게 흘려 보내
넓은 바다에서 다시 만나게 한다

–「모래톱 연가」 전문

모래톱은 파도나 조류의 작용으로 인해 강어귀나 만에 쌓인 모래나 자갈들이 쌓여서 이루어 진다. 오랜 세월 파도에 씻기고 물새들의 흔적에 의해 조성된 모래톱처럼 우리들 인생이란 것도 오랜 동안의 습성과, 이것 저것의 인생들과 지나쳐 온 발자국들로 인해 이루어 진다는 것을 명심해야 한다.

모래톱은 파도치고 눈비가 덮어 와도 바다가 넘치지 않도록 쉬지 않고 일한다. 물새들도 종종 걸음으로 와서 물결을 끊지 않고 먼 바다에서 다시 만나게 하려 한다.

만의 입구에 사주(沙洲)가 생기면 만은 석회가 되고, 시간이 지나 퇴적물로 메워지면 '습지' 가 되듯이 인생 또한 어떤 의미에서 오랜 습성으로 인해 만들어진 퇴적물이며, 종종 걸음으로 흔적을 만들어 준 물새들의 발자취인지도 모른다.

박근호 시인은 이러한 '모래톱' 에 특별한 의미를 부여하고, 삶을 어떻게 살아야 할 것인지를 깊이 성찰하게 한다.

바다는 참지 못하면
울부짖었고
쇠도 안타까울 때
소리 내어 울었다

아버지는 목이 메일 때면
어떻게 하였나

참을 수 없는 후회가 밀려 와
가슴이 미어질 때
어떻게 울었나

가슴이 강이 되어도
소리하지 못하고
떠내려 갈 뿐

먼 바다 파도 되어 합창한다

—「소리 없는 강물」 전문

바다는 참지 못하면 큰 소리 내어 울었고, 무쇠도 안타까울 땐 소리 내어 울었지만, 우리네 아버지들은 목 메인 아픔이 오면 어떻게 견뎌 냈을까. 가슴이 강물이 되어도 소리

내어 울지 못하고, 아픔을 견뎌 내지 않았을까.

시인은 아버지가 되어서야 새삼 아버지의 슬픔을 뼈 아프게 생각해 낸다.

소리 없는 강물처럼 거대한 생의 고뇌와 아픔을 견뎌 내어야 했던 우리들의 아버지. 시인은 그 아버지 앞에 깊이 머리 숙여 합장하며 사죄하고 싶은 간절한 마음이다.

시인은 자연 속의 나무와 숲, 달빛, 바다와 진흙 속의 달랑게, 청보리, 종달새, 싸리꽃 향기… 등 우리가 만날 수 있는 수많은 평범한 자연물들을 그냥 스케치하듯 지나치지 않는다. 달랑게의 작은 움직임 하나에서도 삶의 의미를 생각하고 성찰한다.

예술가는 언제나 눈을 뜨고 있어야 한다. 아르고스 처럼 눈을 뜨고 세상 일들을 관찰함으로써만 한 편이라도 고귀한 작품을 창조할 수 있다. 그러기 위한 예술가의 삶은 얼마나 힘들고 곤혹스러울 것인가.

우리는 은연 중에 예술가들의 삶이 더욱 치열하고 고뇌스러울 것을 원하고 있는 듯하다. 그들의 삶이 힘들고 고통스러울수록 그들이 만들어 낸 작품들은 더 깊이 있고 영롱한 것이 되기 때문이다.

3. 자연과 역사, 그 차분한 비판의식

백무동 안개 부풀어 올라
능선이 흐르고
미풍 불어 햇살 비추면

작은 들꽃들 춤사위에
애틋한 사연 떠돌아 온다
땀이 저린 돌길에
허기진 숨소리가
바람에 묻어오고
골짜기 검게 타오르던 날
금속음이 찢어 놓은 계곡에
여린 꽃잎들
토하던 뜨거운 핏물이
돌 틈에서 붉게 타고 있다
화약 내음이
숨막힐 듯 찌들었던 내력을
알 리 없는 계곡 물실은
낭랑한 목소리로 무심히
흘러만 가구나

–「장터목을 지나며」 전문

박근호 시인은 아름다운 자연 속의 산하를 만나고 돌아보면서도 그냥 무심히 지나치지 못한다. 조국 산하의 굽이굽이에 서린 역사의 발자취를 만나고, 인류 역사의 발자취 속에 스민 애환의 의미를 놓치지 않는다.

백무동 안개가 능선으로 흐르고, 미풍이 건듯 불어 작은 꽃잎들을 흔들면, 그 옛날 허기진 배를 움켜 잡고 능선을 넘던 우리네 선인들을 선명하게 기억해 낸다.

장터목 능선에는 부모를 기다리는 어린 것들의 애타는 눈동자가 서려 있다. 또한 역사의 수레바퀴 속에서 치열했던 전운의 상처가 붉은 꽃잎처럼 낭자함을 새겨본다.

눈 녹은 강가에 인적 드물고
초원에 들꽃 외롭다
떨어질 듯 지구 끝자락
고구려 군대의 함성
지평선으로 말을 달렸다
이름 잃은 병사들
불타는 적개심으로
언덕 넘어
가쁜 숨소리 남겼다

짓밟는 장검에
깊이 벤 상처
그리운 산하 바라보며
차가운 강줄기 따라
선지피 뿌렸다

–「소만 국경」 부분

소만 국경은 소련과 만주의 국경 지대로서 1930년 이후 관동군 작전 계획과 소만 국경 상의 일본군 국경 요새이다. 시인은 이 시에서도 역사의 흐름을 읽어내고, 인생의 무상

함을 깨닫는다. 역사 속에서 이름 없이 쓰러져 간 병사들. 역사의 희생양이 되었던 그들의 삶에 대한 연민. 비굴한 역사를 다시는 반복하지 않아야 한다는 다짐들을 끊임없이 되뇌이고 있다.

박 시인은 긴칼과 독니, 뱀눈을 하고, 사람을 회치듯 하던 가등청정의 모습이 새겨진 동상 앞에서(〈사무라이 동상〉), 이제는 녹물을 뒤집어 쓰고 있는 우스꽝스런 구리 덩어리를 발견한다. 그들 나라의 호국신으로 숭앙 받고 있지만, 천년을 무릎 꿇고 우리 조국 앞에 빌어도 다 갚지 못할 역사의 오명을 어찌 씻을 수 있겠느냐고 존존하게 나무란다.

역사의 아이러니 앞에서 우리가 실행해야 할 일이 과연 무엇일까를 반추하게 하는 좋은 글이라고 생각된다.

이 밖에 「대마도에서」 등의 시 작품도 역사의 쓰라린 흔적을 회상하고 있다. 박 시인은 자연 속에서 단순히 자연 경관의 묘사만을 하고 있지 않다. 그는 언제나 역사와 사회의 문제를 함께 생각하고 고뇌하며, 반성하는 위치에서 자연의 모습을 바라본다.

햄릿의 부왕 목소리 같은
눅눅한 안개가 밀려오고
창검이 쉼 없이 부딪치며 떨어지는
녹물 덩어리가 흩어져 구른다
(…)
용맹한 할아버지가
매머드의 급소에 수십 개의 돌창을 던지니

찢어지던 비명이 잠들어 가며
거친 숨소리 토하는 그들
미니스커트 노팬티 아낙들이 쪼그리고 앉아
두꺼운 옷을 벗기고
돌칼로 자르고 조리한다

(…)

낮 선 바닷가에서 잔을 기울인다

– 「박물관 길」 부분

박물관의 가라앉은 눅눅한 분위기를 '햄릿의 부왕 목소리' 로 비유함은 시인의 탁월한 수사력이다. 돌도끼를 들고 들짐승을 사냥했던 태고적 인간들의 모습을 그리며, 시인도 시공을 초월하여 그 세계 속으로 뛰어 들어 본다. 다시 돌아 올 수밖에 없었던 현재의 시공에서 술잔을 기울이며 허전함을 달랜다.

박물관의 진열물들은, 인간의 태초와 현재, 미래가 뒤엉켜, 삶의 역사가 이루어지고, 생존의 치열함을 새삼 각성하게 해 준다.

박근호 시인의 시들은, 어렵고 화려한 수식어로 직조되어 있지 않다. 평이함 속에서도 사유의 깊이가 있고, 역사와 사회에 대한 비판의식이 차분하고 조용히 넘쳐 흐르고 있다.

4. 알레고리, 그 신선함의 매력

철저히 야행성이고
이름도 단축키가 어울린다
몸이 작을수록 미인이지만
지구를 거꾸로 돌릴 수 있는 힘도 있다
독사처럼 차서
인간들은 그를 창조했지만
극도로 미워한다
유명인사일수록 그렇다
훔치는 것이 직업이지만
유명업종으로 인정 받아
그들과 동업하려는
파파라치라는 회사도 생겼다
(…)
착한 일을 더 많이 하는 날이
반드시 올 것이라고 힘주어 말 한다
누군가 또 찰칵
속마음까지 들켰다

– 「몰카」 부분

누군가 명민하면서도 약삭빠르고 교활한 인간을, 시인은 '몰카'에 비유하고 싶어 한다. 남의 비밀을 캐어 내려는 교활함을 가진 인간이지만, 어떤 의미에서는 사회의 악행과 비리를 고발하고자 하는 의도와도 상통하게 된다.

인간은, 완벽하게 하나의 성향으로만 구성되어져 있지 않다. 복잡한 내면의식을 다면적으로 지니고 있어 그 어느 것으로도 하나의 성향으로만 그를 단죄할 수 없음이다.

'몰카' 의 의미를 이러한 알레고리로서의 해석을 할 수도 있으나, 어떤 의미에서는 그 기계 자체를 단순하게 의미하는 것으로도 해석할 수 있다. 엘리히 프롬의 말처럼 현대의 인간은 그들이 만들어 낸 물질 문명의 장치(기계)에 의해서 그들 스스로가 구속 당하고 소외된다는 아이러니를 말함이라고 볼 수 있다.

비와 바람이 불지 않는
안전 구역이다
손바닥 크기의 다락방에
높은 하늘이 들어 있어
상처를 가려 주고
바이킹의 방패도 되어 준다

야행성이 짙은 자들의
부끄러운 유적이 깃들어 있으며
침략자들의 투구 같이
투쟁의 내력도 품고 있어

자폐증 앓던 김립의 삿갓은
강 같은 필적을 담아 다녔다

거리의 시선이 집중되면

제왕의 왕관처럼
눈길을 막아주는
바람막이 커튼이 된다

-「모자帽子의 본색本色」 부분

시인은, 삶 속의 도구들이나 자연물들을 깊이 관찰하고 투시함으로써 그것들이 인간의 삶에서 무슨 의미를 가지는가를 성찰한다.

방 고호의 그림인 낡은 〈구두〉를 두고 수많은 미학자들이 깊이 있는 삶의 문제들을 해명하였다. 자연물을 하나의 존재로 인정하여, '도구 존재' 라는 의미를 부여하였던 마르틴 하이데거, 그리고 그런 이론들에 대한 샤피로의 열렬한 반론, 또한 그러한 샤피로의 반론을 예리하게 비판하였던 자크 데리다. 그럼으로써 데리다는 하이데거의 '도구 존재론' 에 대한 변론 내지 동조를 한 셈이 된다.

이러한 미학적 이론의 전개는, 흙과 바람과 햇볕 속에서 곡식을 거두는 농촌 여자의 허름하고 낡은 구두에서 비롯한 존재론적 해석들인 것이다.

박 시인은, 비와 바람을 막아 주는 작은 모자를 두고, 삶의 상처를 가려 주고 방패가 되어 주는 존재를 생각한다. 모자는 외부의 차가운 눈길들을 막아주는 따뜻한 바람막이가 되어 주기도 한다는 것이다.

작은 사물에서도 삶의 깊은 의미를 환기 시키는 알레고리적 의미를 내포하고 있어, '모자의 본색' 에 대해서 새삼 깊은 사유를 하게 하는 좋은 작품이다.

이러한 경향은 시 「모기」 등에서도 잘 나타나고 있다.

5. 사랑과 서정, 그리움으로 남다

박 시인의 시에서는, 사랑이라는 서정의 문제들을 쉽사리 만날 수 없다.

인간에게 근원적으로 다가서는 사랑과 열정의 아픔들이야 말로 시의 근간을 이루게 되는 것이 아닌가 하고 생각을 해 본다.

모래 위에서 불타던
나신들의 흔적을
갈바람이 안고 떠나가고

수평선에 머무는
여인의 시선은
먼 기다림인 듯
초점이 젖어

물안개처럼 묻혀간
옛 이야기들은
그녀의 가슴에
깃발처럼 펄럭이리라

폭풍이 지난 사구에서
치마 자락 날리며
노을에 붉게 탄
인어의 긴 그림자
파도는 쉬지 않고 옷깃을 휘감는다

–「가을 해변」 전문

「가을 해변」은, 그의 드물게 나타나는 사랑의 서정시들 가운데 하나이다.

그럼에도 이 시에서 나타나는 사랑이라는 서정은, '갈바람'에 씻겨 지나간 흔적일 뿐이다. 불타는 열정을 '서풍'에 흘려 보내고, 아득히 수평선에 머무는 여인의 젖은 눈망울. 실풍처럼 가슴을 휩쓸던 사랑의 이야기들은 추억으로 남은 아름다움일 따름이다.

이러한 경향은 「가을 마중」에서도 유사하게 드러난다.

지친 여름은 멀어져 가고
그들을 떠나 보내고 있던
억새의 굽은 허리에
서글픈 만장이 펄럭인다.

–「가을 마중」 부분

'산 넘어 징검다리 지나는 그 곳에 / 마중 나온 얼굴 있어' 헝클어진 머리새를 가다듬는다. 한 아름의 미소가 푸른 하늘 속에 어려 가슴 속으로 다가온다.

그것은 다가오는 가을 바람의 소리일 수도, 마음속에 아름답게 채색되어 있는 사랑의 영상일 수도 있다.

그럼에도 그것들은 봄꽃처럼 피어 오르는 생명의 사랑이 아니라, 징검다리 건너 추억 속에 다가오는 아련한 서정의 환상이다.

또한 그것은 '술 남겨진 잔에 가득찬 추억' 이며 '돌아서는 걸음에' 젖어오는 아픔이다.

봄꽃 허드러진
고갯마루를 지나간다

그 때도 청보리가
춤추고 있었지

아지랑이 짙은
과수원 길 따라 넘어가던
세라복 소녀야
바람처럼
토담길로 사라진 여인아

언젠가 뒤돌아 볼까
가슴 졸임도 모르고
앞만 보고 가더니

세월이 까맣게 흘러간 날에
옷자락에 찬바람 일듯
그 때의 발길이
바우고개 언덕을
넘어 가고 있구나

먼 길 한결같이 걷고 있겠지

―「고갯길 여인」 전문

그렇게 해서 더 가슴이 아련해 지는 글이다.

봄바람에 춤추는 청보리의 물결. 아지랑이 속에 뒷모습으로만 남아 있는 가슴 속의 아릿한 실루엣. 마음을 짜안하게 하는 시인의 가슴 졸임. 바람처럼 토담길로 사라진 추억 속의 여인을, 글을 읽는 사람 또한 만나고 싶다.

사랑은 추억으로 하여 더 아름답고 아련하며, 또한 더 아프고 쓸쓸한 서정이리라박 시인의 과작으로 꼽히는 이러한 사랑의 서정시들이 더욱 귀하게 느껴지는 것은 그 아름다움과 아픔의 복합적인 양면성 때문일 것이다.

6. 사유와 성찰, 살아있는 비판의식

박근호 시인은 우주 속에 미만해 있는 다양한 자연물과 세상사들을 그냥 무심히 만나지 않는다.

아름다운 자연을 만나면서도 역사와 사회를 생각하며, 명민하고 맑은 비판의식을 놓치지 않는다.

독자는 그 비판의식을 대하면서도 결코 흥분하거나 화내지 않는다. 그의 비판정신은 때로 명쾌하고 맑으며, 따뜻하고 긍정적인 시선에서 우러나오기 때문이다. 그럼으로써 그의 맑은 정신에 동조하고 공감하며 영혼이 정제되고 카타르씨스 됨을 느낀다. 그의 시들은 자연과의 끊임없는 교호작용을 통하여 스스로를 맑히고 반듯하게 하며 아름답게 하는 힘을 가지고 있다.

그는 생의 먼 행로를 지나 오면서 세상 사람들에게 반듯함과 맑음을 안겨 주며, 영혼을 정제하게 하는 큰 힘을 가지고 있다. 그의 시가 더욱 세상을 아름답게 정화해 나갈 것을 믿는다.

아울러 추억 속의 사랑이라고 하는 서정의 물결이, 얼마나 우리를 아름답고 아릿하게 할 것인가도 함께 생각해 보며 이 글을 끝맺고자 한다.

모래톱 연가

지은이 박근호
—
인쇄일 2013년 9월 1일
발행일 2013년 9월 5일
—
펴낸이 박철수
펴낸곳 도서출판 해암
—
등록번호 제325-2001-000007호
주소 부산시 중구 백산길 17 삼성빌딩 702호
전화 051)254-2260, 2261
팩스 051)246-1895
전자우편 haeambook@hanmail.net

—

값 7,000원

ISBN 978-89-6649-033-2 03810